DETOX
SMOOTHIES

Entschlacken mit Power-Drinks

AUTORIN: NICOLE STAABS | FOTOS: MARIA GROSSMANN, MONIKA SCHÜRLE

INHALT

Öffnen Sie die Klappen dieses Buches.
Dort finden Sie die wichtigsten Infos zum Thema auf einen Blick!

DIE AUTORIN   SMOOTHIE-
KNOW-HOW

Immer griffbereit:

GERÄTE IN DER
SMOOTHIE-
KÜCHE

Immer griffbereit:

3-TAGE-DETOX-
KUR

GU CLOU

Wussten Sie schon, dass ...?
Entdecken Sie bei einigen ausgewähl-
ten Rezepten ganz besondere Tipps
mit verblüffendem Insiderwissen.
Aha-Momente garantiert!

REZEPTKAPITEL

10 SIMPLE SMOOTHIES

20 ADVANCED SMOOTHIES

32 SUPERFOOD SMOOTHIES

48 SPECIAL SMOOTHIES

WAS BEDEUTET DETOX?

*Fühlen Sie sich auch ab und zu erschöpft, ausgelaugt und abgespannt?
Detoxen kann Ihnen dabei helfen, wieder ins Gleichgewicht zu kommen!*

Warum detoxen?

Der Begriff Detox kommt aus dem Englischen von »detoxification«, also Entgiftung. Wir muten unserem Körper tagtäglich eine Menge zu. Mit unserem Essen nehmen wir ja nicht nur Nährstoffe, sondern auch Fremd- und sogar Schadstoffe zu uns. Viele Lebensmittel enthalten große Mengen Konservierungsstoffe, Farbstoffe und Geschmacksverstärker. Auch zu viel Haushaltszucker, Kaffee, Alkohol und Nikotin schaden unserem Körper, und er arbeitet Tag für Tag hart, um diese Schadstoffe abzubauen. Das kann ganz schön viel werden – manchmal auch zu viel, ge-

rade wenn sich noch Stress und Bewegungsmangel dazugesellen. Die Folge: Man ist nicht richtig fit, sondern öfter mal müde und abgespannt. Darunter können auch die Haut und die Verdauung leiden – höchste Zeit, etwas zu ändern!

Fit durch Detox

Detox bedeutet auf der einen Seite, den Körper zu entlasten und ihm möglichst wenig Lebensmittel und Getränke zuzuführen, die Schwerstarbeit für ihn bedeuten. Auf der anderen Seite sollten wir ihn unterstützen, indem wir viele natürliche Nahrungsmittel mit einer hohen Nährstoffdichte konsumieren, die uns helfen, fit und gesund zu bleiben: also frisches Obst und Gemüse, Nüsse und Superfoods anstelle von nährstoffarmen Lebensmitteln wie Nudeln, Weißbrot oder Süßigkeiten.

Einstieg leicht gemacht

Ein Detox-Smoothie am Tag – und schon haben Sie den Start in ein gesünderes Leben geschafft! Am besten räumen Sie den gesunden Power-Drinks ab jetzt einen festen Platz in Ihrer Ernährung ein. Dabei steht Ihnen frei, ob Sie zwischendurch einen Smoothie als gesunden Snack trinken oder eine größere Portion als Ersatz für eine Mahlzeit zu sich nehmen. Unsere Detox-Drinks verleihen in jedem Fall neue Power. Smoothies schmecken wunderbar und immer wieder anders, sie benötigen nur wenige Zutaten und sind fix gemacht: waschen, putzen, schnippeln und ab in den Mixer. Fertig! Ideal für alle, die keine Zeit oder Lust zum Kochen haben. Morgens gemixt, ist ein Smoothie auch die ideale Mini-Mahlzeit für unterwegs.

Bunt und gesund

Mit einer ausgewogenen Zusammensetzung aus Vitaminen, Mineralstoffen und sekundären Pflanzenstoffen ist ein Smoothie die perfekte Detox-Mahlzeit. Durch die Zugabe von Superfoods lässt sich die positive Wirkung sogar noch erhöhen. Ein großes gesundheitliches Plus von Smoothies ist ihre flüssige Konsistenz: Anders als bei fester Nahrung kann der Körper die enthaltenen Nährstoffe leichter und nahezu vollständig aufnehmen. Viele von uns kauen feste Nahrung nicht mehr ausreichend, beim Mixen hingegen werden die Zellulosewände von Obst und Gemüse aufgebrochen. Der Körper hat dadurch weniger Arbeit mit der Verdauung. Ein weiterer Vorteil ist, dass bei Smoothies auch Teile von Obst, Gemüse oder Kräutern im Mixer landen, die wir normalerweise vielleicht entfernen würden. Die Schale von Birne und Gurke, das Grün von zarten Bundmöhren oder die Stiele und Blätter von Kohlrabi enthalten besonders viele Nährstoffe und Ballaststoffe und sind deshalb im Smoothie hochgeschätzt. Dadurch, dass die Zutaten im Smoothie nicht erhitzt werden, bleiben auch wärmeempfindliche Inhaltsstoffe erhalten. Und zu guter Letzt ist ein Smoothie auch bestens geeignet, um sich an gesunde Obst- oder Gemüsesorten zu gewöhnen, die man pur vielleicht nicht ganz so gerne mag. Die Mischung macht's!

Öfter mal was Neues

Bei allen verwendeten Zutaten sollten Sie auf jeden Fall auf Qualität achten – aber auch auf Abwechslung! Denn jede Obst- und Gemüsesorte enthält eine andere Kombi an Nährstoffen. Am

besten kaufen Sie, was die Saison bietet und probieren immer wieder mal etwas Neues aus. So bieten Sie Ihrem Körper einen bunten Nährstoff-Mix und helfen ihm, fit und gesund zu bleiben.

Die Detox-Kur

Wenn Sie sich gleich zu einer Detox-Kur (siehe Klappe hinten) entschließen, sollten Sie auch etwas Zeit für Bewegung an der frischen Luft, einen Saunagang oder eine Yogastunde mitbringen. So können Sie den Detox-Effekt noch steigern! Nach ein paar Detox-Tagen werden Sie ganz automatisch bewusster auf Ihre Ernährung achten und Aromen wieder intensiver wahrnehmen. Bei vielen wirkt eine Detox-Kur lange positiv nach – wer also im Frühjahr und im Herbst eine solche Auszeit einlegt, startet voller Power in die neue Saison!

MEINE LIEBLINGSZUTATEN

Manche frische Lebensmittel landen bei mir in fast jedem Einkaufskorb, andere müssen immer im Vorrat sein. Diese Smoothie-Basics dürfen niemals ausgehen!

Banane

Bananen sind ein Klassiker im Smoothie, da sie den Drink schön cremig machen. Sie enthalten außerdem wichtige Mineralstoffe, Vitamine und alle acht lebenswichtigen Aminosäuren (die der menschliche Körper nicht selbst produzieren kann). Verwenden Sie Bananen in gereiftem Zustand, denn wenn sie schon ein paar braune Pünktchen haben, schmecken sie am besten.

Mango

Mango sorgt geschmacklich immer für ein wenig Überraschung, ihre inneren Werte bestechen durch einen hohen Carotingehalt. Unser Körper wandelt Carotine in Vitamin A um, welches das Immunsystem stärkt. Wie Bananen sorgen auch Mangos im Smoothie für eine sämige Konsistenz und sollten nur gut gereift im Smoothie landen.

Himbeeren

Leider ist die Saison der feinen Beeren nur sehr kurz, darum habe ich immer einen Vorrat an TK-Himbeeren im Haus. Egal, welche Zutaten im Mixer landen – mit Himbeeren erhalten alle Smoothies eine appetitlich rote Farbe und einen tollen Geschmack. Himbeeren sind reich an Vitamin C, das unser Immunsystem stärkt.

Haferflocken

Die schlichten Flocken werden oft unterschätzt! Sie haben einen hohen Nährstoffgehalt und sorgen für eine dickflüssige Konsistenz in Smoothies. Durch ihren hohen Ballaststoffgehalt unterstützen Haferflocken die Verdauung, Eisen und Magnesium fördern die Blutbildung sowie Sauerstofftransport und -konzentration im Blut.

Leinsamen

Leinsamen enthalten viele ungesättigte Fettsäuren. Außerdem sind sie reich an Kalzium, Phosphor und Spurenelementen. Zudem enthalten sie sekundäre Pflanzenstoffe, denen nachgesagt wird, dass sie vor Krebserkrankungen schützen können. Leinsamen sind gut für die Verdauung – aber immer an eine ausreichende Flüssigkeitsaufnahme denken!

Chiasamen

Chiasamen sind reich an Omega-3-Fettsäuren, Antioxidantien, Eisen, Kalzium und Magnesium. Sie bestehen zu etwa einem Drittel aus Ballaststoffen: Diese machen lange satt und regen die Verdauung an. Man kann Chiasamen mit in den Mixer geben oder den fertigen Smoothie damit bestreuen.

Mandeln

Mandeln enthalten Proteine, die zwar auch in Obst und Gemüse vorkommen, allerdings nur in sehr geringen Mengen. Da unser Körper Proteine benötigt und diese nicht lange speichern kann, ist es sinnvoll, gerade während einer Detox-Smoothie-Kur Mandeln zu integrieren. Sie können für die Rezepte Mandeln mit oder ohne Haut verwenden.

MANDELDRINK

70 g Mandeln • 3 frische Datteln (ersatzweise getrocknete) • Zimtpulver •
Teesieb aus Stoff (ersatzweise Passiertuch)
Für 2 Gläser (à 250 ml) • 15 Min. Zubereitung • 12 Std. Einweichen •
Pro Glas ca. 115 kcal, 3 g EW, 8 g F, 8 g KH

1 Die Mandeln in eine Schüssel geben, mit reichlich Wasser bedecken und zugedeckt über Nacht stehen lassen.

2 Am nächsten Tag die Mandeln in ein Sieb abgießen und gründlich unter fließendem kaltem Wasser abspülen.

3 Die Datteln entsteinen und grob zerkleinern. Mit den Mandeln und 250 ml Wasser in den Mixer geben. Alles ca. 1 Min. auf höchster Stufe mixen.

TIPP
Der Mandeldrink hält sich in einer Glasflasche mit Deckel 3–4 Tage im Kühlschrank. Das im Sieb verbliebene Mandelmus können Sie beispielsweise in einem Müsli oder als gesunde Backzutat verwenden.

4 Den Mandeldrink durch das Teesieb in eine Schüssel abgießen. Das Mandelmus im Sieb vorsichtig ausdrücken. 350 ml Wasser unter den Drink rühren.

5 Den Mandeldrink auf zwei Gläser verteilen, mit je 1 Prise Zimt bestäuben und genießen. Oder in eine Flasche füllen und im Kühlschrank aufbewahren.

VARIATIONEN

Nach derselben Methode können Sie auch andere Drinks zubereiten. Diese eignen sich wunderbar für Smoothies, aber auch zum Kochen und Backen.

Haferdrink

Für 500 ml Haferdrink 100 g zarte Haferflocken mit 500 ml Wasser in einen Topf geben. Das Wasser zum Kochen bringen, die Hitze reduzieren und die Mischung unter Rühren ca. 5 Min. köcheln. Den Topf vom Herd nehmen und den Haferbrei abkühlen lassen. In einen Mixer geben und pürieren, bis die Mischung glatt und sämig ist. Zum Schluss den Haferdrink durch ein Teesieb aus Stoff oder ein Passiertuch abgießen und in einer Glasflasche im Kühlschrank aufbewahren.

Hanfdrink

Für 500 ml Hanfdrink 70 g geschälte Hanfsamen mit 500 ml Wasser in einen Mixer geben. Auf höchster Stufe ca. 2 Min. pürieren. In eine Glasflasche füllen und im Kühlschrank aufbewahren. Geschälte Hanfsamen sind sehr fein, deshalb funktioniert dieses Rezept ohne Einweichen der Samen.

Reisdrink

Für 500 ml Reisdrink 150 g Reis (Sorte nach Belieben) mit 300 ml Wasser in einen Topf geben. Das Wasser aufkochen. Sobald das Wasser kocht, die Hitze reduzieren und den Deckel auflegen. Der Reis ist gar, sobald er das Wasser vollständig aufgenommen hat. Den gegarten Reis mit 200 ml Wasser in einen Mixer geben und auf höchster Stufe pürieren. Durch ein Teesieb aus Stoff oder ein Passiertuch abgießen. In eine Glasflasche füllen und im Kühlschrank aufbewahren.

Sojadrink

Für 500 ml Sojadrink 100 g getrocknete Sojabohnen in reichlich Wasser ca. 12 Std. quellen lassen. Das Einweichwasser abgießen, die Bohnen mit 500 ml Wasser in einen Mixer geben und auf höchster Stufe pürieren, bis keine Stücke mehr zu sehen sind. Die Mischung durch ein Teesieb aus Stoff oder ein Passiertuch in einen Topf gießen. Achtung: Sojadrink muss vor dem Verzehr unbedingt erhitzt werden! In einem Topf unter Rühren bei schwacher Hitze ca. 15 Min. köcheln lassen, dabei schäumt die Milch zu Beginn stark. Abkühlen lassen, in eine Glasflasche füllen und im Kühlschrank aufbewahren.

SIMPLE SMOOTHIES

HIMBEER-SESAM-SMOOTHIE

ROTE POWER

3 EL weiße Sesamsamen
300 g Himbeeren
200 ml Mandeldrink (gekauft oder
  selbst gemacht, siehe S. 8)

TIPP
Sesamsamen bestehen zu etwa
50 % aus pflanzlichem Öl, welches wiederum zu einem Großteil aus ungesättigten Fettsäuren besteht. Der Körper braucht
diese Fettsäuren für den Stoffwechsel und die Elastizität der
Zellmembranen. Sesamsamen
enthalten außerdem Zink, Selen
und Eisen, die unser Immunsystem stärken. Mit einem starken
Immunsystem kann der Körper
sich besser gegen Viren, Bakterien und Pilze wehren.

1 Die Sesamsamen in einer beschichteten Pfanne ohne Fett
rösten, bis sie duften. Nach Belieben 1 TL zum Garnieren
beiseitestellen. Die Himbeeren vorsichtig waschen und mit
den übrigen Sesamsamen und dem Mandeldrink in den Mixer
geben.

2 Alle Zutaten auf höchster Stufe mixen, bis der Smoothie
schön cremig ist. Bei Bedarf etwas Wasser dazugeben.

3 Den Smoothie auf zwei Gläser verteilen, nach Belieben
mit den beiseitegestellten Sesamsamen bestreuen und gleich
genießen.

Für 2 Gläser (à 250 ml) • 5 Min. Zubereitung • Pro Glas ca. 105 kcal, 3 g EW, 2 g F, 17 g KH

APFEL-HEIDELBEER-SMOOTHIE

BLUEBERRY DREAM

2 Äpfel
100 g Heidelbeeren
6 EL Joghurt (z. B. Sojaghurt
oder griechischer Joghurt)

TIPP
Regelmäßiger Verzehr von Äpfeln kann das Immunsystem stärken und das Risiko für Herz- und Gefäßerkrankungen reduzieren. Besonders gesund ist die Schale.

1 Die Äpfel waschen und vierteln, die Kerngehäuse entfernen und die Apfelviertel in Stücke schneiden. Die Heidelbeeren gründlich waschen und zusammen mit den Apfelstücken und dem Joghurt in den Mixer geben.

2 Ca. 100 ml Wasser dazugeben. Alle Zutaten auf höchster Stufe mixen, bis der Smoothie schön cremig ist. Bei Bedarf noch etwas Wasser hinzufügen.

3 Den Apfel-Heidelbeer-Smoothie auf zwei Gläser verteilen und gleich genießen.

Für 2 Gläser (à 250 ml) • 6 Min. Zubereitung • Pro Glas ca. 35 kcal, 1 g EW, 0 g F, 7 g KH

SPINAT-MANGO-SMOOTHIE

CREMIG UND LECKER

2 Handvoll Blattspinat
½ Mango
½ Limette

TIPP
Spinat hat einen hohen Anteil an Magnesium, Vitamin B1, B2 und Folsäure. Eine Schale Spinat deckt den Tagesbedarf an Vitamin K und Beta-Carotin und große Teile des Mangan- und Ballaststoffbedarfs.

1 Die Spinatblätter verlesen, gründlich waschen und in den Mixer geben. Die Mangohälfte schälen und in groben Stücken vom Stein schneiden. Die Mango und ca. 100 ml Wasser in den Mixer geben.

2 Die Limette auspressen und den Saft ebenfalls in den Mixer geben. Alle Zutaten auf höchster Stufe mixen, bis der Smoothie schön cremig ist. Bei Bedarf noch etwas Wasser hinzufügen.

3 Den Smoothie auf zwei Gläser verteilen und servieren oder in ein verschließbares Gefäß geben und bis zum Verzehr im Kühlschrank aufbewahren.

SWEET-BASIL-SMOOTHIE

GRÜNES WUNDER

6 frische oder getrocknete Datteln
3 grüne Äpfel
20 Blätter Basilikum

TIPP
Basilikum enthält verschiedene ätherische Öle, die antibakteriell und entzündungshemmend wirken können.

1 Die Datteln entsteinen und grob zerkleinern. Die Äpfel waschen, vierteln und die Kerngehäuse entfernen. Nach Belieben 2 dünne Apfelscheiben abschneiden und zum Garnieren beiseitelegen. Die Apfelviertel in grobe Stücke teilen. Die Basilikumblätter vorsichtig waschen.

2 Datteln, Apfelstücke, Basilikumblätter und 50 ml Wasser in den Mixer geben. Alle Zutaten auf höchster Stufe cremig-fein pürieren. Weitere ca. 150 ml Wasser dazugeben und mixen, bis der Smoothie schön cremig ist.

3 Nach Belieben die Apfelscheiben mit einem Messer einritzen und an den Glasrand stecken. Den Smoothie auf die Gläser verteilen und servieren. Oder in ein verschließbares Gefäß geben und bis zum Verzehr im Kühlschrank aufbewahren.

Für 2 Gläser (à 250 ml) • 6 Min. Zubereitung •
Pro Glas ca. 65 kcal, 2 g EW, 2 g F, 12 g KH

Für 2 Gläser (à 250 ml) • 5 Min. Zubereitung •
Pro Glas ca. 90 kcal, 3 g EW, 3 g F, 14 g KH

HEIDELBEER-SPINAT-SMOOTHIE

BEERIG

2 Handvoll Blattspinat • 150 g Heidelbeeren •
300 ml Kokoswasser

1 Den Spinat verlesen und waschen. Die
Heidelbeeren waschen und mit dem Spinat und
dem Kokoswasser in den Mixer geben. Alles auf
höchster Stufe mixen, bis der Smoothie schön
cremig ist.

2 Den Heidelbeer-Spinat-Smoothie auf zwei
Gläser verteilen und servieren. Oder in ein verschließbares Gefäß geben und bis zum Verzehr
im Kühlschrank aufbewahren.

TIPP
Heidelbeeren liefern viel Vitamin C, sowie Pek-
tin, das gut für Magen und Darm ist. Der hohe
Gerbstoff-Anteil macht sie überdies zu einem
idealen Entzündungshemmer.

AFTER-EIGHT-SMOOTHIE

MINZIG-STARK

1 ½ Bananen • 15 Blätter Minze • 2 EL rohes
Kakaopulver (Bioladen) • 2 Stiele Minze zum
Garnieren

1 Die Bananen schälen, in grobe Stücke
schneiden und in den Mixer geben. Die Minze
waschen. Die Minze mit dem Kakao und 250 ml
Wasser ebenfalls in den Mixer geben. Alles auf
höchster Stufe mixen, bis der Smoothie schön
cremig ist.

2 Den Smoothie auf zwei Gläser verteilen, mit
je 1 Stiel Minze garnieren und servieren. Oder
in ein verschließbares Gefäß geben und bis zum
Verzehr im Kühlschrank aufbewahren.

TIPP
Minze hat eine positive Wirkung auf den Ma-
gen-Darm-Trakt und die Gallenblase.

Für 2 Gläser (à 250 ml) • 6 Min. Zubereitung •
12 Std. Einweichen •
Pro Glas ca. 135 kcal, 3 g EW, 5 g F, 20 g KH

Für 2 Gläser (à 250 ml) • 6 Min. Zubereitung •
Pro Glas ca. 50 kcal, 2 g EW, 0 g F, 8 g KH

MANDEL-SMOOTHIE

VERDAUUNGSFÖRDERND

1 EL Mandeln • 1 kleine Süßkartoffel (ca. 150 g) •
200 ml Mandeldrink (gekauft oder selbst gemacht,
siehe S. 8)

1 Die Mandeln über Nacht in 200 ml Wasser
einweichen. Am nächsten Tag die Süßkartoffel
schälen, klein schneiden und mit dem Mandeldrink in den Mixer geben. Die Mandeln mitsamt
dem Einweichwasser hinzufügen.

2 Alle Zutaten auf höchster Stufe mixen, bis
der Smoothie schön cremig ist. Bei Bedarf etwas
Wasser dazugeben. Den Smoothie auf zwei Gläser verteilen und gleich genießen.

TIPP
Süßkartoffeln enthalten wichtige Ballaststoffe,
jedoch keinerlei Fett. Außerdem punkten sie
mit sekundären Pflanzenstoffen.

BROKKOLI-SMOOTHIE

VITAMINBOMBE

1 Apfel • 100 g Brokkoliröschen • ½ Zitrone

1 Den Apfel waschen, vierteln und vom Kerngehäuse befreien. Die Viertel in grobe Stücke
schneiden. Den Brokkoli waschen und die Zitrone auspressen. Apfel, Brokkoli und Zitronensaft
mit 250 ml Wasser in den Mixer geben. Auf
höchster Stufe mixen, bis der Smoothie schön
cremig ist. Nach Bedarf noch etwas Wasser
dazugeben.

2 Den Smoothie auf zwei Gläser verteilen und
servieren. Oder in einem verschließbaren Gefäß
bis zum Verzehr im Kühlschrank aufbewahren.

TIPP
Brokkoli enthält viele Mineralstoffe, wie zum
Beispiel Kalzium, Eisen, Zink und Phosphor, so-
wie die Vitamine B1, B2, B6, E und C.

ADVANCED SMOOTHIES

Für 2 Gläser (à 250 ml) • 8 Min. Zubereitung • Pro Glas ca. 100 kcal, 1 g EW, 1 g F, 19 g KH

GURKEN-PETERSILIEN-SMOOTHIE

BELEBEND

2 Äpfel
2 Kiwis
½ Limette
100 g Salatgurke
6 Stiele Petersilie
2 kleine Stiele Petersilie zum
   Garnieren (nach Belieben)

1 Die Äpfel waschen und vierteln, die Kerngehäuse herausschneiden. Die Kiwis schälen. Äpfel und Kiwis grob zerkleinern und in den Mixer füllen. Die Limette auspressen. Die Gurke gründlich waschen und mit der Schale grob zerkleinern. Limettensaft und Gurke in den Mixer füllen.

2 Die Petersilie waschen, mit den Stielen grob zerkleinern und hinzufügen. 150 ml Wasser in den Mixer gießen und alle Zutaten auf höchster Stufe mixen, bis der Smoothie schön cremig ist.

3 Den Smoothie auf zwei Gläser verteilen, nach Belieben mit je 1 Stiel Petersilie garnieren und servieren. Oder in ein verschließbares Gefäß geben und bis zum Verzehr im Kühlschrank aufbewahren.

Für 2 Gläser (à 250 ml) • 6 Min. Zubereitung • Pro Glas ca. 80 kcal, 2 g EW, 2 g F, 16 g KH

ROTE-BETE-ERDBEER-SMOOTHIE

EXOTISCH

150 g Rote Bete (ersatzweise
   vorgegarte Rote Bete)
100 g Erdbeeren
½ Apfel
½ Limette
200 ml Kokoswasser

1 Die Rote Bete schälen, in kleine Stücke schneiden und in den Mixer geben. Die Erdbeeren waschen und putzen. Die Apfelhälfte waschen, durchschneiden und das Kerngehäuse entfernen. Die Apfelviertel grob zerkleinern und mit den Erdbeeren in den Mixer geben.

2 Die Limette auspressen und den Saft sowie das Kokoswasser ebenfalls in den Mixer geben. Alle Zutaten auf höchster Stufe mixen, bis der Smoothie schön cremig ist.

3 Den Smoothie auf zwei Gläser verteilen und servieren oder in ein verschließbares Gefäß geben und bis zum Verzehr im Kühlschrank aufbewahren.

SPINAT-GRAPEFRUIT-SMOOTHIE

POPEYE LÄSST GRÜSSEN

2 Handvoll Blattspinat
1 Grapefruit
200 g Salatgurke
1 Stück Ingwer (ca. 1 cm)

TIPP
Grapefruits enthalten viel Vitamin C, wirken verdauungsfördernd und magenstärkend. Wer Medikamente nimmt, sollte aber prüfen, ob sich das Arzneimittel mit der Frucht verträgt, da sie die Wirkung von Medikamenten stark herab- oder heraufsetzen kann.

1 Den Spinat verlesen und waschen. Die Grapefruit mit einem Messer schälen und die Filets aus den Häutchen schneiden.

2 Die Gurke gründlich waschen und in grobe Stücke schneiden. Den Ingwer schälen, ebenfalls in Stücke schneiden und mit dem Spinat, der Grapefruit, der Gurke und 100 ml Wasser in den Mixer geben. Alles auf höchster Stufe mixen, bis der Smoothie schön cremig ist. Bei Bedarf noch etwas Wasser dazugeben.

3 Den Smoothie auf zwei Gläser verteilen und servieren. Oder in ein verschließbares Gefäß geben und bis zum Verzehr im Kühlschrank aufbewahren.

Für 2 Gläser (à 250 ml) • 3 Min. Zubereitung •
Pro Glas ca. 300 kcal, 6 g EW, 24 g F, 17 g KH

Für 2 Gläser (à 250 ml) • 8 Min. Zubereitung •
Pro Glas ca. 95 kcal, 2 g EW, 1 g F, 18 g KH

KOKOS-BANANEN-SMOOTHIE

KRAFTPAKET

½ Banane • 3 EL zarte Haferflocken • 250 g
Kokosmilch • 1 EL rohes Kakaopulver (Bioladen)

1 Die Bananenhälfte schälen. Mit den Haferflocken, der Kokosmilch, dem Kakao und 100 ml Wasser in den Mixer geben. Alles auf höchster Stufe mixen, bis der Smoothie schön cremig ist. Bei Bedarf noch etwas Wasser hinzugeben.

2 Den Kokos-Bananen-Smoothie auf zwei Gläser verteilen und servieren. Oder in ein verschließbares Gefäß geben und bis zum Verzehr im Kühlschrank aufbewahren.

TIPP
Kokosmilch entsteht durch Pürieren von Kokosnussfleisch. Sie enthält viele mittelkettige Fettsäuren, die von unserem Körper als schneller Energielieferant genutzt werden können.

GRÜNKOHL-BANANEN-SMOOTHIE

POWERKOHL

1 Handvoll Grünkohl • 2 Kiwis • 1 Limette •
1 ½ Bananen

1 Den Grünkohl waschen, die festen Stängel entfernen und die Blätter klein schneiden. Die Kiwis schälen und klein schneiden. Die Limette halbieren und den Saft auspressen. Die Bananen schälen und grob zerkleinern. Alles in den Mixer füllen.

2 200 ml Wasser dazugeben und alles auf höchster Stufe mixen, bis der Smoothie schön cremig ist. Auf zwei Gläser verteilen und servieren oder in ein verschließbares Gefäß geben und bis zum Verzehr im Kühlschrank aufbewahren.

TIPP
Der gesunde Grünkohl ist schon lange ein Hit in den USA, Großbritannien und Australien und landet dort in fast jedem grünen Smoothie.

Für 2 Gläser (à 250 ml) • 6 Min. Zubereitung •
Pro Glas ca. 200 kcal, 3 g EW, 17 g F, 8 g KH

Für 2 Gläser (à 250 ml) • 6 Min. Zubereitung •
Pro Glas ca. 165 kcal, 2 g EW, 2 g F, 38 g KH

ERDBEER-AVOCADO-SMOOTHIE

FRÜHLINGS-HIT

200 g Erdbeeren • 10 Blätter Minze • ½ Avocado
(am besten Hass) • 1 EL Cashewnusskerne

1 Die Erdbeeren waschen, putzen und in den Mixer geben. Die Minzeblätter vorsichtig waschen. Die Avocadohälfte aus der Schale lösen, grob zerkleinern und mit den Cashewkernen und der Minze ebenfalls in den Mixer geben.

2 200 ml Wasser dazugeben und alles auf höchster Stufe mixen, bis der Smoothie schön cremig ist. Bei Bedarf noch Wasser hinzufügen. Den Smoothie auf zwei Gläser verteilen und gleich genießen.

TIPP
Cashewnusskerne enthalten das wasserlösliche Vitamin B1, das im Körper mit für den Kohlenhydratstoffwechsel verantwortlich ist.

SÜSSKARTOFFEL-SMOOTHIE

CREMIG UND SÜSS

1 Süßkartoffel (ca. 250 g) • 1 Banane •
200 ml Kokoswasser • ½ TL Zimtpulver +
Zimtpulver zum Bestäuben

1 Die Süßkartoffel schälen und klein schneiden. Die Banane schälen und grob zerkleinern. Beides mit dem Kokoswasser und dem Zimt in den Mixer geben. Alles alles auf höchster Stufe pürieren, bis der Smoothie schön cremig ist und keine Süßkartoffelstücke mehr vorhanden sind.

2 Den Smoothie auf zwei Gläser verteilen, mit Zimt bestäuben und servieren. Oder in ein verschließbares Gefäß geben und bis zum Verzehr im Kühlschrank aufbewahren.

TIPP
Kokoswasser enthält Kalium - wichtig für unseren Wasserhaushalt und Eiweißstoffwechsel.

ZUCCHINI-MINZ-SMOOTHIE

GREEN DREAM

100 g Zucchini
100 g Ananas
1 kleiner Apfel
10 Blätter Minze
½ Zitrone

TIPP

Zucchini regen die Darmtätigkeit an und stärken das Immunsystem. Ihre Bitterstoffe bringen Leber und Galle in Schwung.
Zucchini verbessern außerdem den Stoffwechsel in der Haut.

1 Die Zucchini waschen und putzen, in grobe Stücke schneiden und in den Mixer geben. Die Ananas schälen, den Strunk in der Mitte entfernen und das Fruchtfleisch grob zerkleinern. Den Apfel waschen, vierteln, das Kerngehäuse herausschneiden und die Viertel grob zerkleinern. Die Minzeblätter vorsichtig waschen.

2 Die Zitrone auspressen und den Saft mit Ananas, Apfel und Minze in den Mixer geben. Ca. 100 ml Wasser hinzufügen und alle Zutaten auf höchster Stufe mixen, bis der Smoothie schön cremig ist.

3 Den Zucchini-Minz-Smoothie auf zwei Gläser verteilen und servieren. Oder in ein verschließbares Gefäß geben und bis zum Verzehr im Kühlschrank aufbewahren.

Für 2 Gläser (à 250 ml) • 10 Min. Zubereitung • Pro Glas ca. 150 kcal, 5 g EW, 5 g F, 20 g KH

KAKAO-MÖHREN-SMOOTHIE

STIMMUNGSSCHMEICHLER

300 g Möhren
1 Banane
2 EL rohes Kakaopulver (Bio-
  laden)
200 ml Mandeldrink (gekauft
  oder selbst gemacht, siehe
  S. 8)

TIPP
Kakaobohnen liefern viele Antioxidantien, Magnesium für Herz und Kreislauf und Tryptophane, die im Körper zu stimmungsförderndem Serotonin werden.

1 Die Möhren gründlich waschen, putzen und grob zerkleinern. Die Banane schälen und ebenfalls in grobe Stücke schneiden. Möhren und Banane in den Mixer geben.

2 Etwas Kakaopulver zum Garnieren beiseitestellen, den Rest mit dem Mandeldrink ebenfalls in den Mixer geben. Alles auf höchster Stufe pürieren, bis der Smoothie schön cremig ist und keine Möhrenstücke mehr vorhanden sind.

3 Den Kakao-Möhren-Smoothie auf zwei Gläser verteilen, mit dem restlichen Kakaopulver gleichmäßig bestäuben und gleich genießen.

Für 2 Gläser (à 250 ml) • 5 Min. Zubereitung • 10 Min. Ziehen • Pro Glas ca. 110 kcal, 3 g EW, 4 g F, 16 g KH

KAMILLE-MANGO-SMOOTHIE

WOHLTUEND

1 Beutel Kamillentee
100 g Ananas
1 Mango
2 EL Leinsamen

TIPP
Leinsamen schmecken leicht nussig und haben einen hohen Anteil an Ballaststoffen und fördern so die Verdauung und die Darmgesundheit. Außerdem besitzen sie einen hohen Anteil an Omega-3-Fettsäuren.

1 Den Kamillentee mit 200 ml kochendem Wasser aufgießen und ca. 10 Min. ziehen lassen. Den Teebeutel entfernen und den Tee abkühlen lassen.

2 Während der Tee abkühlt, die Ananas schälen und den harten Strunk in der Mitte entfernen. Ananas in Stücke schneiden. Die Mango schälen und das Fruchtfleisch vom Kern schneiden.

3 Den abgekühlten Tee mit Ananas, Mango und den Leinsamen in den Mixer geben und auf höchster Stufe mixen, bis der Smoothie schön cremig ist. Den Smoothie auf zwei Gläser verteilen und servieren. Oder in ein verschließbares Gefäß geben und bis zum Verzehr im Kühlschrank aufbewahren.

SUPERFOOD-SMOOTHIES

Für 2 Gläser (à 250 ml) • 6 Min. Zubereitung • Pro Glas ca. 190 kcal, 1 g EW, 15 g F, 15 g KH

WEIZENGRAS-ANANAS-SMOOTHIE

SAMTIG GRÜN

½ Avocado (am besten Hass)
1 Apfel
100 g Ananas
1 EL Weizengraspulver
  (Reformhaus, Onlinehandel)
200 ml Kokoswasser

1 Die Avocadohälfte aus der Schale lösen, grob zerkleinern und in den Mixer geben. Den Apfel waschen, vierteln und das Kerngehäuse herausschneiden. Die Apfelviertel grob zerkleinern und ebenfalls in den Mixer geben.

2 Die Ananas schälen und den harten Strunk in der Mitte herausschneiden. Die Ananas in grobe Stücke schneiden und mit dem Weizengraspulver und dem Kokoswasser in den Mixer geben.

3 Alle Zutaten auf höchster Stufe mixen, bis der Smoothie cremig ist. Auf zwei Gläser verteilen und servieren oder in ein verschließbares Gefäß geben und bis zum Verzehr im Kühlschrank aufbewahren.

TIPP

Weizengras ist ungewöhnlich nährstoffreich, stärkt das Immunsystem und kann so bei der Abwehr von Krankheitserregern helfen. Es enthält auch Chlorophyll, das blutbildend wirken kann.

Für 2 Gläser (à 250 ml) • 10 Min. Zubereitung • Pro Glas ca. 160 kcal, 5 g EW, 10 g F, 10 g KH

BEEREN-ACAI-SMOOTHIE

BEERIG LECKER

150 g Erdbeeren
150 g Himbeeren
1 Stück Ingwer (ca. 1 cm)
2 EL Sonnenblumenkerne
2 EL Acaipulver (Bioladen,
 Onlinehandel)

1 Die Erdbeeren waschen und putzen. Die Himbeeren vorsichtig waschen. Erdbeeren und Himbeeren in den Mixer geben.

2 Den Ingwer schälen und klein schneiden. Mit den Sonnenblumenkernen, dem Acaipulver und 100 ml Wasser in den Mixer geben.

3 Alle Zutaten auf höchster Stufe mixen, bis der Smoothie schön cremig ist. Bei Bedarf noch etwas Wasser dazugeben. Den Smoothie auf zwei Gläser verteilen und gleich genießen.

TIPP
Die brasilianische Acaibeere wird 1 – 2 cm und besteht zu 90 % aus dem Kern – essbar ist nur die Haut. Diese wird zu Püree verarbeitet oder getrocknet und zu Pulver gemahlen.

HIMBEER-HANF-SMOOTHIE

PROTEIN-POWER

1 Birne
1 Orange
100 g Himbeeren
2 EL Hanfsamen (Reformhaus)
*   + Hanfsamen zum Bestreuen*
*   (nach Belieben)*

TIPP

Hanfsamen bestehen zu ca. 30 % aus Proteinen. Sie enthalten außerdem jede Menge Antioxidanzien sowie Vitamin E und B-Vitamine. Bemerkenswert ist der hohe Gehalt an Vitamin B2. Dieses Vitamin ist unter anderem für Muskelaufbau und Schilddrüse sowie Augen und Haut wichtig.

1 Die Birne waschen, vierteln und vom Kerngehäuse befreien. Die Birnenviertel grob zerkleinern und in den Mixer geben.

2 Die Orange schälen, in Spalten teilen und diese in Stücke schneiden. Die Himbeeren vorsichtig waschen. Orange, Himbeeren und Hanfsamen sowie 100 ml Wasser in den Mixer geben.

3 Alles auf höchster Stufe pürieren, bis der Smoothie schön cremig ist. Bei Bedarf noch etwas Wasser dazugeben. Den Smoothie auf zwei Gläser verteilen, nach Belieben mit Hanfsamen bestreuen und servieren. Oder in ein verschließbares Gefäß geben und bis zum Verzehr im Kühlschrank aufbewahren.

Für 2 Gläser (à 250 ml) • 10 Min. Zubereitung • Pro Glas ca. 80 kcal, 3 g EW, 3 g F, 7 g KH

BIRNEN-ERDNUSS-SMOOTHIE

(GE-)NUSSVOLL

2 Birnen
2 EL Joghurt (z. B. Sojaghurt
  oder griechischer Joghurt)
1 EL Erdnussmus (Bioladen)

TIPP
Erdnüsse liefern viel Eiweiß,
sind reich an Mineralstoffen
wie Magnesium, Eisen und
Zink und enthalten wichtige
B-Vitamine. Achtung, ge-
nau wie die Nüsse hat auch
das Mus viele Kalorien. Das
angebrochene Glas am
besten kühl lagern.

1 Die Birnen waschen, vierteln und die Kerngehäuse herausschneiden. Die Birnenviertel in grobe Stücke schneiden und in den Mixer
geben.

2 Den Joghurt und das Erdnussmus dazugeben. 100 ml Wasser hinzufügen und alle Zutaten auf höchster Stufe mixen, bis der Smoothie
schön cremig ist. Bei Bedarf noch etwas Wasser hinzufügen.

3 Den Birnen-Erdnuss-Smoothie auf zwei Gläser verteilen und gleich
genießen.

Für 2 Gläser (à 250 ml) • 6 Min. Zubereitung • 20 Min. Garen • Pro Glas ca. 160 kcal, 7 g EW, 3 g F, 24 g KH

QUINOA-ERDBEER-SMOOTHIE

GUT FÜR DIE NERVEN

60 g helle Quinoa (Bioladen)
200 g Erdbeeren
6 EL Joghurt (z. B. Sojaghurt
*   oder griechischer Joghurt)*

TIPP
Quinoa enthält viele B-Vita-mine, glutenfreie Stärke, Ballaststoffe sowie Mineral-stoffe und Spurenelemente, besonders Kalzium. Wegen der langen Garzeit koche ich oft eine größere Menge und hebe sie bis zu 1 Wo-che im Kühlschrank auf.

1 Die Quinoa mit ca. 150 ml Wasser in einen Topf geben. Das Wasser aufkochen und die Quinoa zugedeckt bei schwacher Hitze in 15 – 20 Min. ausquellen lassen. Den Deckel abnehmen und die Körner abkühlen lassen. Sollte noch Wasser im Topf sein, die Quinoa in ein Sieb abgießen.

2 Inzwischen die Erdbeeren waschen und putzen. Erdbeeren, Qui-noa, Joghurt und 200 ml Wasser in den Mixer geben.

3 Alle Zutaten auf höchster Stufe mixen, bis der Smoothie schön cre-mig ist. Den Smoothie auf zwei Gläser verteilen und gleich genießen.

Für 2 Gläser (à 250 ml) • 5 Min. Zubereitung •
Pro Glas ca. 175 kcal, 5 g EW, 3 g F, 31 g KH

Für 2 Gläser (à 250 ml) • 10 Min. Zubereitung •
Pro Glas ca. 125 kcal, 3 g EW, 6 g F, 12 g KH

GOJI-APFEL-SMOOTHIE

PORRIDGE ZUM TRINKEN

2 Äpfel • 4 EL zarte Haferflocken • 2 EL getrock-
nete Gojibeeren (Bioladen) • 1 EL Weizenkleie
(Bioladen)

1 Die Äpfel waschen und vierteln. Die Kernge-
häuse entfernen und die Viertel grob zerkleinern.
Die Apfelstücke mit den Haferflocken, den
Gojibeeren, der Weizenkleie und 150 ml Wasser
in den Mixer geben. Alle Zutaten auf höchster
Stufe mixen, bis der Smoothie schön cremig ist.

2 Den Smoothie auf zwei Gläser verteilen und
servieren oder in ein verschließbares Gefäß
geben und bis zum Verzehr im Kühlschrank
aufbewahren.

> **TIPP**
> Gojibeeren enthalten alle essentiellen Amino-
> säuren und sehr viele Vitamine.

KURKUMA-MÖHREN-SMOOTHIE

EXOTISCH

300 g Möhren • ½ Zitrone • 1 Orange • 4 EL Jo-
ghurt (z. B. Sojaghurt oder griechischer Joghurt) •
1 TL gemahlene Kurkuma • 1 EL Olivenöl

1 Die Möhren waschen, putzen und in grobe
Stücke schneiden. Die Zitrone auspressen. Die
Orange mit einem scharfen Messer schälen, dabei
auch die weiße Haut abschneiden. Die Orangen-
filets aus den Trennhäuten schneiden und mit
Möhren, Zitronensaft, Joghurt und Kurkuma in
den Mixer geben.

2 100 ml Wasser dazugeben und alle Zutaten
auf höchster Stufe mixen, bis der Smoothie schön
cremig ist und keine Möhrenstücke mehr vorhanden sind. Auf zwei Gläser verteilen, das Olivenöl
einrühren und den Smoothie gleich genießen.

Für 2 Gläser (à 250 ml) • 6 Min. Zubereitung •
Pro Glas ca. 140 kcal, 5 g EW, 3 g F, 20 g KH

Für 2 Gläser (à 250 ml) • 10 Min. Zubereitung •
Pro Glas ca. 45 kcal, 3 g EW, 1 g F, 6 g KH

LÖWENZAHN-
SMOOTHIE

VITAMINKICK

2 Äpfel • 3 Stiele Petersilie • 2 Handvoll Löwen-
zahn • 1 EL Spirulinapulver (Reformhaus, On-
linehandel) • 200 ml Mandeldrink (gekauft oder
selbst gemacht, siehe S. 8)

1 Die Äpfel waschen, vierteln, von den Kern-
gehäusen befreien und grob zerkleinern. Die
Petersilie waschen und mit den Stielen klein
schneiden.

2 Den Löwenzahn waschen und grob zerkleinern, mit den Äpfeln, der Petersilie, dem Spirulinapulver und dem Mandeldrink in den Mixer
geben. Alles auf höchster Stufe mixen, bis der
Smoothie schön cremig ist. Den Smoothie auf
zwei Gläser verteilen und gleich genießen.

MORINGA-ZUCCHINI-
SMOOTHIE

KRAFT FÜRS IMMUNSYSTEM

300 g Zucchini • 4 Stiele Petersilie • 1 Stange
Staudensellerie • 1 EL Moringapulver (Online-
handel)

1 Die Zucchini waschen und putzen, in grobe
Stücke schneiden und in den Mixer geben.
Petersilie und Staudensellerie waschen, grob
zerkleinern (Petersilie mit Stielen) und mit dem
Moringapulver und 100 ml Wasser in den Mixer
geben.

2 Auf höchster Stufe mixen, bis der Smoothie
cremig ist. Auf zwei Gläser verteilen und servieren oder in ein verschließbares Gefäß geben und
bis zum Verzehr im Kühlschrank aufbewahren.

TIPP
Moringapulver enthält viel Beta-Carotin (Provi-
tamin A) – wichtig für Haut und Immunsystem.

Für 2 Gläser (à 250 ml) • 10 Min. Zubereitung • Pro Glas ca. 65 kcal, 3 g EW, 1 g F, 13 g KH

GOOD-MORNING-SMOOTHIE

WACHMACHER

2 Handvoll Feldsalat
½ Mango
200 g Ananas
1 EL Matcha-Teepulver (Teegeschäft)

TIPP

Matcha-Tee macht wach und konzentriert, aber nicht so unruhig wie Kaffee. Da das ganze Teeblatt gemahlen wird, bleiben mehr Nährstoffe erhalten als bei anderem grünem Tee. Dazu zählen Vitamine, Mineralstoffe und Ballaststoffe.

1 Den Feldsalat waschen, putzen und in den Mixer geben. Die Mangohälfte schälen, vom Stein schneiden und in grobe Stücke schneiden. Die Ananas schälen, den harten Strunk entfernen und das Fruchtfleisch grob zerkleinern.

2 Mango- und Ananasstücke mit dem Matcha-Teepulver und 100 ml Wasser in den Mixer geben. Alle Zutaten auf höchster Stufe mixen, bis der Smoothie schön cremig ist, bei Bedarf noch etwas Wasser dazugeben.

3 Den Good-Morning-Smoothie auf zwei Gläser verteilen und servieren oder in ein verschließbares Gefäß füllen und bis zum Verzehr im Kühlschrank aufbewahren.

Für 2 Gläser (à 250 ml) • 10 Min. Zubereitung • Pro Glas ca. 160 kcal, 3 g EW, 3 g F, 28 g KH

CHARCOAL-SMOOTHIE

FRUCHTIGER ENTGIFTER

2 Orangen
2 Bananen
1 EL Mandeln
1 Kohletablette (Apotheke)

TIPP
Die Kohle bindet Bakterien und Giftstoffe, die der Körper dann ausscheidet. Ein Drink pro Tag reicht aus, aber bei Medikamenteneinnahme besser verzichten, da die Wirkung beeinträchtigt werden kann.

1 Die Orangen mit einem scharfen Messer schälen und grob zerkleinern. Die Bananen schälen, klein schneiden und mit den Mandeln, der Kohletablette und 200 ml Wasser in den Mixer geben.

2 Alle Zutaten auf höchster Stufe mixen, bis der Smoothie schön cremig ist und keine Stücke von der Kohletablette mehr vorhanden sind.

3 Den Charcoal-Smoothie auf zwei Gläser verteilen und gleich genießen.

Für 2 Gläser (à 250 ml) • 6 Min. Zubereitung • Pro Glas ca. 140 kcal, 3 g EW, 2 g F, 26 g KH

BANANEN-CHIA-SMOOTHIE

SMOOTH OPERATOR

1 Banane
50 g kernlose helle Weintrauben
½ Grapefruit
1 EL Chiasamen (Bioladen)

TIPP

Chiasamen sind reich an Omega-3-Fettsäuren, Antioxidanzien, Mineralien und Ballaststoffen; diese sorgen für lange Sättigung und regen die Verdauung an. Sie können die Chiasamen mitpürieren oder über den fertigen Smoothie streuen.

1 Die Banane schälen und grob zerkleinern. Die Trauben waschen. Die Bananenstücke und die Trauben in den Mixer geben.

2 Die Grapefruit mit einem Messer sorgfältig schälen, grob zerkleinern und ebenfalls in den Mixer geben. 200 ml Wasser und die Chiasamen hinzufügen. Alle Zutaten auf höchster Stufe mixen, bis der Smoothie schön cremig ist.

3 Den Bananen-Chia-Smoothie auf zwei Gläser verteilen und servieren. Oder in ein verschließbares Gefäß geben und bis zum Verzehr im Kühlschrank aufbewahren.

Für 2 Gläser (à 250 ml) • 10 Min. Zubereitung • Pro Glas ca. 265 kcal, 5 g EW, 18 g F, 20 g KH

BAOBAB-MELONEN-SMOOTHIE

IMMUNSYSTEM-BOOSTER

200 g Cantaloupe-Melone
5 Blätter Minze
1 Stück Ingwer (ca. 1 cm)
3 EL zarte Haferflocken
1 EL Baobabpulver (Reform-
haus, Onlinehandel)
200 g Kokosmilch
2 Stiele Minze zum Garnieren

1 Die Melone schälen, die Kerne entfernen und das Fruchtfleisch in Stücke schneiden. Die Minzeblätter vorsichtig waschen.

2 Den Ingwer schälen und in grobe Stücke schneiden. Melone, Minze und Ingwer mit den Haferflocken, dem Baobabpulver und der Kokosmilch in den Mixer geben.

3 Alle Zutaten auf höchster Stufe mixen, bis der Smoothie schön cremig ist. Auf zwei Gläser verteilen, mit je 1 Stiel Minze garnieren und servieren. Oder in ein verschließbares Gefäß geben und bis zum Verzehr im Kühlschrank aufbewahren.

| **TIPP**
Baobabpulver, gewonnen aus der afrikanischen Baobabfrucht, liefert viel Vitamin C und B6 und unterstützt die Verdauung.

Für 2 Gläser (à 250 ml) • 10 Min. Zubereitung • Pro Glas ca. 100 kcal, 8 g EW, 2 g F, 13 g KH

SÜSSLUPINEN-SMOOTHIE

RED BOMB

1 Orange
1 Pfirsich
60 g Himbeeren
3 EL Süßlupinenmehl (Bio-
  laden, Onlinehandel)

TIPP

Das aus den Samen ge-
wonnene Lupinenmehl lie-
fert alle essentiellen Aminosäuren, die der Körper
nicht selbst produzieren
kann, sondern mit der Nahrung aufnehmen muss.

1 Die Orange mit einem scharfen Messer sorgfältig schälen, auch die weiße Haut abschneiden. Die Orange in grobe Stücke schneiden.

2 Den Pfirsich waschen, halbieren, den Stein entfernen und die Hälften in grobe Stücke schneiden. Die Himbeeren vorsichtig waschen, mit der Orange und dem Pfirsich in den Mixer geben. Das Süßlupinenmehl und 250 ml Wasser dazugeben.

3 Alle Zutaten auf höchster Stufe mixen, bis der Smoothie schön cremig ist, bei Bedarf etwas Wasser dazugeben. Auf zwei Gläser verteilen und servieren oder in ein verschließbares Gefäß geben und bis zum Verzehr im Kühlschrank aufbewahren.

SPECIAL SMOOTHIES

MANGO-SMOOTHIE-BOWL

GESUNDES FRÜHSTÜCK

1 Mango
150 g Möhren
4 EL Joghurt (z. B. Sojaghurt oder
griechischer Joghurt)
½ TL Zimtpulver
2 EL Kakaonibs (Bioladen)
2 EL getrocknete Gojibeeren
(Bioladen)
2 EL Chiasamen (Bioladen)

TIPP
Die wärmende Wirkung von Zimt kurbelt die Fettverbrennung und den Stoffwechsel an. Er gehört übrigens zu den Lebensmitteln mit dem höchsten Gehalt an Antioxidanzien.

1 Die Mango schälen und das Fruchtfleisch vom Kern schneiden. Die Möhren waschen, putzen und in Stücke schneiden.

2 Mango- und Möhrenstücke in den Mixer geben. Den Joghurt und den Zimt hinzufügen. Ca. 125 ml Wasser dazugeben (nur so viel, dass die Messer alle Zutaten greifen können). Alle Zutaten auf höchster Stufe mixen, bis der Smoothie dickcremig ist.

3 Das Püree auf zwei Schalen verteilen. Mit Kakaonibs, Gojibeeren und Chiasamen garnieren und mit Löffeln servieren. Oder in ein verschließbares Gefäß geben und bis zum Verzehr im Kühlschrank aufbewahren.

Für 2 Personen • 10 Min. Zubereitung • Pro Portion ca. 515 kcal, 8 g EW, 38 g F, 32 g KH

AVOCADO-SMOOTHIE-BOWL

GEHALTVOLLER KRAFTSPENDER

1 Avocado (am besten Hass)
2 Bananen
125 ml Mandeldrink (gekauft oder selbst gemacht, siehe S. 8)
2 EL Acaipulver (Bioladen, Onlinehandel)
2 Kiwis
6 Erdbeeren
4 EL Walnusskerne

1 Die Avocado halbieren, den Kern entfernen. Das Avocadofruchtfleisch aus der Schale lösen und grob zerkleinern. Die Bananen schälen, in Stücke schneiden und zusammen mit der Avocado in den Mixer geben.

2 Mandeldrink und Acaipulver dazugeben. Alles auf höchster Stufe mixen, bis der Smoothie dick-cremig ist. Die Kiwis schälen und in Scheiben schneiden. Die Erdbeeren waschen, putzen und in Scheiben schneiden. Die Walnüsse zerkleinern.

3 Das Püree auf zwei Schalen verteilen. Mit Kiwi- und Erdbeerscheiben sowie den Walnussstücken garnieren und mit einem Löffel servieren. Oder in ein verschließbares Gefäß geben und bis zum Verzehr im Kühlschrank aufbewahren.

TIPP
Walnüsse sind eine hervorragende Quelle für Eiweiß und Omega-3-Fettsäuren.

Für 2 Personen • 10 Min. Zubereitung • Pro Portion ca. 350 kcal, 11 g EW, 21 g F, 26 g KH

HIMBEER-SMOOTHIE-BOWL

SUPER LECKER

2 Bananen
100 g Himbeeren
4 EL Erdnussmus (ersatzweise
 Mandelmus, Bioladen)
125 ml Mandeldrink (gekauft
 oder selbst gemacht, siehe
 S. 8)
3 EL Heidelbeeren
2 EL Kokosraspel
1 EL Leinsamen

1 Die Bananen schälen und grob zerkleinern. Die Himbeeren vorsichtig waschen und mit den Bananen in den Mixer geben.

2 Das Erdnussmus und den Mandeldrink dazugeben und alle Zutaten auf höchster Stufe pürieren, bis der Smoothie dick-cremig ist. Das Püree auf zwei Schalen verteilen.

3 Die Heidelbeeren waschen und trocken tupfen. Die Smoothie-Bowl mit Heidelbeeren, Kokosraspeln und Leinsamen garnieren. Mit einem Löffel servieren. Oder in ein verschließbares Gefäß füllen und bis zum Verzehr im Kühlschrank aufbewahren.

TIPP
Kokosraspeln liefern viele Mineralstoffe sowie alle B-Vitamine und Vitamin E.

HOT-LIQUID-SALAD

SCHÖN SCHARF

150 g Kirschtomaten
1 rote Paprikaschote
50 g Rote Bete (ersatzweise vor-
  gegarte Rote Bete)
1 Stange Staudensellerie
2 Stiele Petersilie
½ Zitrone
½ TL Cayennepfeffer
150 ml kochend heißes Wasser

TIPP
Cayennepfeffer besteht aus
gemahlenen Chilischoten, das
Capsaicin sorgt für die Schärfe.
Cayennepfeffer wirkt gefäßer-
weiternd und durchblutungs-
fördernd.

1 Die Tomaten waschen und vierteln. Die Paprikaschote längs
halbieren, putzen, waschen und grob zerkleinern.

2 Die Rote Bete schälen und klein schneiden. Den Staudensellerie waschen und mit den Blättern in Stücke schneiden. Alle
Gemüse in den Mixer geben.

3 Die Petersilie waschen und mit den Stielen grob zerkleinern.
Die Zitrone auspressen. Petersilie, Zitronensaft und Cayennepfeffer in den Mixer geben. Das heiße Wasser dazugießen und
alle Zutaten auf höchster Stufe mixen, bis der Smoothie schön
cremig ist. Auf zwei Gläser verteilen und gleich genießen.

Für 2 Personen • 10 Min. Zubereitung • Pro Portion ca. 55 kcal, 2 g EW, 0 g F, 11 g KH

INDIAN-SPICE-SMOOTHIE

PERFEKT AN KALTEN TAGEN

300 g Möhren
1 Stück Ingwer (ca. 1 cm)
4 getrocknete Aprikosen
1 TL gemahlene Kurkuma
200 ml kochend heißes Wasser

TIPP

Ingwer unterstützt die Verdauung, regt den Stoffwechsel an und hilft damit bei der Fettverbrennung. Roh steuert er eine fruchtig-scharfe Geschmackskomponente bei. Erhitzt verliert Ingwer einen Großteil seiner Schärfe.

1 Die Möhren waschen, putzen und in grobe Stücke schneiden.

2 Den Ingwer schälen und ebenfalls zerkleinern. Die getrockneten Aprikosen grob hacken und mit den Möhren und dem Ingwer in den Mixer geben. Etwas Kurkuma zum Garnieren beiseitestellen, den Rest mit dem heißen Wasser in den Mixer geben.

3 Alle Zutaten auf höchster Stufe mixen, bis der Smoothie schön cremig ist und keine Möhrenstücke mehr vorhanden sind. Den Indian-Spice-Smoothie auf zwei Gläser verteilen, mit der restlichen Kurkuma bestreuen und gleich genießen.

Für 2 Personen • 10 Min. Zubereitung • Pro Portion ca. 175 kcal, 4 g EW, 5 g F, 27 g KH

HOT-CINNAMON-SMOOTHIE

FÜR DIE SEELE

4 frische Datteln (ersatzweise getrocknet)
2 Bananen
1 EL rohes Kakaopulver (Bioladen)
½ TL Zimtpulver
2 EL Chiasamen (Bioladen)
200 ml kochend heißes Wasser

1 Die Datteln entsteinen und grob zerkleinern.

2 Die Bananen schälen, grob zerkleinern und in den Mixer geben. Die Datteln, das Kakaopulver, den Zimt, die Chiasamen und das heiße Wasser ebenfalls in den Mixer geben.

3 Alle Zutaten auf höchster Stufe mixen, bis der Smoothie schön cremig ist. Den Smoothie auf zwei Gläser verteilen und gleich genießen.

TIPP
Datteln enthalten viel Zucker: ideal als gesunde Smoothie-Süße. Außerdem sind sie reich an Mineralien, Spurenelementen und Ballaststoffen.

Für 2 Personen • 10 Min. Zubereitung •
12 Std. Einfrieren • Pro Portion ca. 205 kcal, 2 g EW, 9 g F, 30 g KH

PIÑA-COLADA-NICE-CREAM

TROPENTRAUM

1 Banane
1 Mango
200 g Ananas
80 ml Kokoswasser
1 EL Kokosöl (Bioladen)
1 EL Kokosraspel

TIPP

Kokosöl enthält Laurinsäure, die gegen Bakterien und Viren wirkt und das Immunsystem stärkt, sowie die Mineralstoffe Magnesium, Kalzium, Kalium und Phosphor.

1 Die Banane schälen und in dünne Scheiben schneiden. Die Mango schälen, das Fruchtfleisch vom Kern schneiden und klein schneiden. Alle Fruchtstücke locker in einen Gefrierbeutel geben und über Nacht in das Tiefkühlfach legen.

2 Am nächsten Tag die Ananas schälen, den harten Strunk in der Mitte herausschneiden und das Fruchtfleisch grob zerkleinern. Die Ananas mit den gefrorenen Bananen- und Mangostücken in den Mixer geben. Das Kokoswasser und das Kokosöl dazugeben. Alle Zutaten auf höchster Stufe mixen, bis die Mischung die Konsistenz von Eiscreme hat.

3 Die Nice-Cream auf zwei Schalen verteilen. Mit den Kokosraspeln bestreuen und mit Löffeln servieren. Gleich genießen.

Für 2 Personen • 10 Min. Zubereitung •
12 Std. Einfrieren • Pro Portion ca. 310 kcal, 10 g EW, 19 g F, 25 g KH

BANANA-PEANUT-NICE-CREAM

CREMIGER VERFÜHRER

2 Bananen
2 EL Erdnusskerne
2 EL Erdnussmus (Bioladen)
2 EL rohes Kakaopulver (Bio-
laden)
80 ml Mandeldrink (gekauft
oder selbst gemacht, siehe
S. 8)
2 EL Kakaonibs (Bioladen)

1 Die Bananen schälen und in dünne Scheiben schneiden. Locker in einen Gefrierbeutel geben und über Nacht in das Tiefkühlfach legen.

2 Am nächsten Tag die Erdnüsse grob hacken und beiseitestellen. Das Erdnussmus, die gefrorenen Bananenscheiben, den Kakao und den Mandeldrink in den Mixer geben. Alle Zutaten auf höchster Stufe mixen, bis die Mischung die Konsistenz von Eiscreme hat.

3 Die Nice-Cream auf zwei Schalen verteilen. Mit den Kakaonibs und den gehackten Erdnüssen bestreuen und mit Löffeln servieren.

TIPP
Bananen sind eine Ballast-
stoff- und Magnesiumquelle:
wichtig für Stoffwechsel und
den Körperzellenaufbau.

REGISTER

Abkürzungsverzeichnis:
E = Eiweiß
EL = Esslöffel
(gestrichen)
F = Fett
kcal = Kilokalorien
KH = Kohlenhydrate
Msp. = Messerspitze
Pck. = Päckchen
TK = Tiefkühl
TL = Teelöffel
(gestrichen)
Ø = Durchmesser

GU

LIEBE LESERIN, LIEBER LESER,

wie wunderbar, dass du dich für ein Buch von GU entschieden hast! In unserem Verlag dreht sich alles darum, dir mit gutem Rat dein Leben schöner, erfüllter und einfacher zu machen. Unsere Autorinnen und Autoren sind echte Expertinnen und Experten auf ihren Gebieten, die ihr Wissen mit viel Leidenschaft mit dir teilen. Und unsere erfahrenen Redakteurinnen und Redakteure stecken viel Liebe und Sorgfalt in jedes Buch, um dir ein Leseerlebnis zu bieten, das wirklich besonders ist. Qualität steht bei uns schon seit jeher an erster Stelle – jedes Buch ist von Büchermenschen für Buchbegeisterte gemacht, mit dem Ziel, dein neues Lieblingsbuch zu werden.

Deine Meinung ist uns wichtig, und wir freuen uns sehr über dein Feedback und deine Empfehlungen – sei es im Freundeskreis oder online.

Viel Spaß beim Lesen und Entdecken!

P.S. Hier noch mehr GU-Bücher entdecken: www.gu.de

DIE BÜCHERMENSCHEN HINTER DEM PROJEKT

Verlagsleitung: Eva-Maria Hege
Projektleitung: Lena Buch
Lektorat: Katharina Lisson
Korrektorat: Petra Bachmann
Cover: ki36 Editorial Design, Sabine Krohberger, München
Layout: independent Medien-Design, München
Satz: Eberl & Koesel Studio GmbH
Herstellung: Pia Schwarzmann
Fotografie: Maria Grossmann, Monika Schürle; Autorenfoto: privat; Cover: StockFood Studios/Meike Bergmann
Illustrationen: Natascha Hendricks
Reproduktion: medienprinzen GmbH
Druck & Bindung: Firmengruppe APPL, aprinta druck, Wemding

© 2025 GRÄFE UND UNZER VERLAG GmbH
Grillparzerstraße 12, 81675 München

www.gu.de/kontakt | hallo@gu.de

GU ist eine eingetragene Marke der GRÄFE UND UNZER VERLAG GmbH

**1. Auflage 2025,
ISBN: 978-3-8338-9660-6**

WERDE TEIL DER GU-COMMUNITY!

Du und deine Familie, dein Haustier, dein Garten oder einfach richtig gutes Essen. Egal, wo du im Leben stehst: Als Teil unserer Community entdeckst du die neuesten GU-Bücher als erstes, du genießt exklusive Leseproben und wirst mit wertvollen Impulsen und kreativen Ideen bereichert.

Worauf wartest du? Sei dabei!

www.gu.de/gu-community

© Bernhard Haselbeck

WARUM UNS DAS BUCH BEGEISTERT

Ein Prosit auf Gesundheit und Wohlbefinden? Ganz einfach mit diesen leckeren Powerdrinks voll wertvoller Nährstoffe.

Eva-Maria Hege, Verlagsleitung

FÜR DIE UMWELT

Dieses Buch wurde auf PEFC-zertifiziertem Papier aus nachhaltiger Waldwirtschaft gedruckt. Aus Liebe zur Natur verwenden wir leichtes Papier.

Für dein genussvollstes Ich.

Länger satt – schneller schlank: Geniale Rezepte von Bestsellerautor und Ernährungs-Doc Dr. Matthias Riedl für einen stabilen Blutzuckerspiegel und mehr Energie im Alltag.

Hier gehts zum Buch:

Einfach scannen und mehr erfahren.

Ernährungs-Doc Dr. med. Matthias Riedl

KÜCHENRATGEBER

ANTI-HEISSHUNGER

gesunde Sattmacher

GU

SMOOTHIE-KNOW-HOW

Gewusst, wie! Hier kommen meine besten Tipps zum Vorbereiten, Aufbewahren und Transportieren von Smoothies.

Smoothies auf Vorrat

Am gesündesten sind Smoothies natürlich, wenn man sie sofort nach der Zubereitung genießt. Manchmal möchte man aber eine größere Menge für den Vorrat zubereiten. Die meisten Smoothies halten sich luftdicht verschlossen bis zu drei Tage im Kühlschrank. Achtung: Smoothies mit Nüssen, Milch- und Sojaprodukten gleich genießen, sie werden unansehnlich. Möchten Sie einen Smoothie noch länger aufbewahren, können Sie ihn auch einfrieren. Dafür unbedingt ein tiefkühlgeeignetes Gefäß aus Plastik verwenden.

Mixer reinigen

Am einfachsten den Mixbehälter bis zur Hälfte mit heißem Wasser füllen und ein paar Tropfen Spülmittel dazugeben. Dann auf höchster Stufe ein paar Sekunden laufen lassen – fertig! Ist der Behälter noch nicht ganz sauber, den Vorgang einfach wiederholen. Im Anschluss mit klarem Wasser ausspülen und abtrocknen.

Smoothie-Pack

Eine tolle Idee für alle, die es morgens eilig haben! Bereiten Sie die Zutaten für Ihr Lieblingsrezept am Abend vor – und das Frühstück ist ruckzuck fertig. Dafür alle Früchte und Gemüse waschen, zerkleinern und in einem Gefrierbeutel in das Tiefkühlfach legen. Am nächsten Morgen den Inhalt des Beutels in den Mixer geben, je nach Rezept Wasser, Milch, Mandeldrink, Joghurt oder Kokosmilch dazugeben, nach Belieben ein paar Superfoods aufstreuen, mixen – und fertig ist ein erfrischender Frozen-Frühstücks-Smoothie!

Smoothie to go

Möchten Sie Ihren Smoothie beispielsweise zur Arbeit mitnehmen und erst mittags genießen, sollten Sie ihn am besten in eine Thermoskanne füllen. So bleibt der Smoothie viele Stunden wunderbar kühl (oder auch heiß, je nach Rezept) und die lichtempfindlichen Vitamine bleiben erhalten.